Parce que tu es spéciale

Un livre inspirant pour les enfants sur le potentiel, le courage et la force

Édition 2021 May

ISBN-13: 9798553828554

Copyright © 2020 Alma Gross

Email: almagross@buch-autoren.de

Imprint:
Alma Gross
c/o Werneburg Internet Marketing und Publikations-Service
Philipp-Kühner-Straße 2
99817 Eisenach
Germany
Design: M.M. Photography
Bilder: Pixabay.com Photography
Shutterstock.com

Droits d'auteur

Le contenu de cette œuvre est soumis à la loi allemande sur le droit d'auteur. La reproduction, l'édition, la distribution et tout type d'utilisation en dehors des limites de la loi sur le droit d'auteur nécessitent le consentement écrit de l'auteur ou du créateur respectif. Des téléchargements et des copies de ce site sont seulement autorisés pour un usage privé et non commercial.

Alma Gross

Parce que tu es spéciale

Un livre inspirant pour les enfants sur le potentiel, le courage et la force

-

Pour les garçons et les filles

Table des matières

Qu'y a-t-il de si spécial en moi ?   7

Pour les parents   52

Qu'y a-t-il de si spécial en moi ?

Depuis que Marie, avec ses tresses couleur noisette, ses grands yeux noirs et son sourire amical est rentrée à l'école, elle a presque l'impression d'être une adulte. Cela faisait presque un an qu'elle comptait les jours la séparant de la rentrée.

Parfois, elle a du mal à réaliser que cela fait déjà dix mois qu'elle a rejoint la classe 1C de l'école primaire Astrid Lindgren et que son anniversaire est dans seulement dix semaines.

Sa mère lui répète sans cesse que « le temps passe plus vite quand on grandit ». C'est peut-être vrai finalement.

C'est n'est probablement pas un hasard si les adultes aiment répéter certaines choses, cela peut même être bien d'y réfléchir de temps en temps.

Oui, tu as bien cerné Marie. Pour son âge, elle est très curieuse de tout ce qui l'entoure, elle a soif de connaissances et retient toutes les informations qui lui semblent importantes ou intéressantes. Elle comprend beaucoup de choses que ses amis ne saisissent pas encore, ce qui rend ses parents très fiers.

Malgré tout, ses parents ont récemment commencé à se faire du souci pour leur fille qu'ils aiment plus que tout au monde. À l'école maternelle et pendant les premières semaines de primaire, Marie avait l'air beaucoup plus heureuse et joviale.

Elle était très bavarde du matin au soir. Bien que cela pouvait parfois être fatiguant, cela ne dérangeait pas ses parents qui étaient très contents de répondre à toutes ses questions. Ils trouvaient justement cela bien qu'elle veuille comprendre le monde qui l'entoure et toujours aller au fond des choses. Elle riait aussi beaucoup plus, elle était heureuse de se lever chaque matin avec son sourire contagieux.

Ce n'est surement pas l'école qui a rendu Marie de plus en plus introvertie. Elle apprend très facilement et ses professeurs la félicitent pour son excellent travail.

Il doit y avoir autre chose qui la tracasse. Ses parents en ont discuté à maintes reprises, mais le changement de personnalité de leur fille reste un mystère pour eux. Cela fait une semaine qu'ils attendent le bon moment pour lui en parler.

Hier, ils ont décidé que c'était le jour J. Sa mère est allée la chercher à l'école, puis Marie s'est mise à table en prenant son repas à contre cœur, une fois de plus.

« Tu n'aimes pas ? » lui demanda sa mère, inquiète. « Je pensais te faire plaisir en préparant ton plat préféré aujourd'hui. »

« Si, c'est délicieux, » répondit aussitôt Marie un peu surprise. « C'est juste que je n'ai pas très faim. Je le mangerai peut-être plus tard, tu pourras me le réchauffer. »

Sa mère se sécha les mains et alla s'assoir près d'elle à la table de la cuisine. Oui bien sûr, avec plaisir. » répondit sa mère en souriant. « C'est parce que tu veux déjà rejoindre tes amis dans la cour de récréation ? »

« Pas vraiment », marmonna Marie sans même regarder sa mère. « J'ai plutôt envie d'aller dans ma chambre pour lire et jouer un peu. »

Tandis que Marie continuait de fixer son assiette en silence, sa mère posa doucement sa main gauche sur le bras de Marie.

« Qu'est-ce qui ne va pas, ma chérie ? Quelque chose te tracasse ? Tu ne crois pas qu'on devrait en discuter ? Parler, ça fait du bien en général » Suggéra-t-elle calmement. « Il y a encore quelque mois, tu avais hâte de retourner dans la cour de récréation après le déjeuner. Lorsqu'il pleuvait, tes copains de maternelle venaient même jouer ici ou bien je t'emmenais chez eux. Cela ne te ressemble pas de vouloir passer autant de temps toute seule. Avant, tu nous disais tout le temps que tu t'entendais bien avec les autres enfants de ta classe, ton père et moi étions très heureux que tu nous en parles. Que s'est-il passé depuis ? »

« Ne t'inquiète pas maman, » répondit Marie. On sentait bien qu'elle se forçait à avoir l'air joyeuse. Elle leva alors les yeux vers sa mère.

« On se voit pendant les pauses » ajouta-t-elle. « C'est simplement qu'après l'école, tout le monde a l'air tellement occupé qu'on peut rarement se voir. Mais ce n'est pas grave, en tout cas cela ne me rend pas triste. C'est surement comme ça quand on commence à aller à l'école. Les enfants ne jouent plus tellement. Nous sommes grands maintenant. »

Sa maman avait les larmes aux yeux en écoutant Marie se justifier pour ne pas l'inquiéter.

« Très bien, c'est peut-être vrai, en partie » répondit-elle en prenant un regard déterminé alors qu'elle se levait de sa chaise. « Mais dans ce cas tu es aussi assez grande pour me parler sincèrement de ce qui ne va pas. Je vais nous préparer un bon chocolat chaud et nous irons nous asseoir dans ta chambre. Les grandes filles doivent pouvoir discuter avec leur maman comme si c'était leur meilleure amie. Et c'est exactement ce que nous allons faire aujourd'hui. »

En observant sa mère se diriger vers la cuisinière, Marie se sentait un peu nerveuse. Elle ne savait pas vraiment si elle devait se réjouir de cette conversation ou plutôt la redouter.

En entrant dans la chambre, Marie s'allongea sur son lit et sa mère s'assit à côté d'elle. Elles avaient chacune entre leurs mains une tasse de chocolat chaud qui dégageait une délicieuse fumée.

La mère de Marie posa ses mains sur les épaules de sa fille. « Alors, » dit-elle avec détermination. « Ce que toi et moi allons partager aujourd'hui, c'est ce que les adultes appellent l'heure de vérité. Tu commences, ma puce. Dis-moi ce qui ne va pas s'il te plait. »

Marie n'étant pas obligée de regarder sa mère dans les yeux et se sentant fière d'être considérée comme une grande fille, elle trouva petit à petit le courage de répondre. Au début, elle murmurait de façon hésitante mais à mesure qu'elle parlait, elle se libérait. Au bout d'un moment, elle finit par tout expliquer.

À l'école maternelle, tout était si facile » commença-t-elle. « Tout le monde voulait jouer ensemble, il n'y avait pas de différence, dans notre groupe nous étions tous proches les uns des autres. En primaire, tout est beaucoup plus compliqué. Tout le monde veut être le meilleur, le plus intelligent et le plus beau. Quelques filles et garçons de ma classe pensent que je suis bête. C'est juste que j'aime écouter la maîtresse et apprendre de nouvelles choses.

Des intellos, c'est ainsi qu'on appelle les gens comme moi selon le grand frère d'Andreas.

Certaines filles pensent que je suis bizarre et pas sympa juste parce que je ne porte pas les mêmes baskets qu'elles, que je n'écoute pas la même musique et que je n'ai pas de téléphone portable. Elles me prennent pour un bébé qui n'est pas prêt à aller à l'école juste parce que j'aime inventer des histoires et dessiner. »

Marie avait du mal à retenir ses larmes. Il n'était pas question qu'elle pleure, mais cela devenait de plus en plus difficile pour elle de continuer à parler.

Pour soulager sa fille, sa mère l'interrompit en lui demandant tout doucement, « Tu aimerais les avoir ces baskets ? Et la musique qu'elles écoutent, elle te plait ? Tu en voudrais un de téléphone portable ? »

« Non, » répondit Marie en reniflant. « Mes chaussures sont aussi bien que les leurs. D'ailleurs, tu m'as prévenu que nous ne pouvions pas nous permettre d'acheter des choses trop chères. Je n'ai pas envie que tu travailles encore plus juste pour m'acheter des choses inutiles. Je n'ai pas besoin de téléphone non plus. Tu sais, parfois j'ai de la peine pour ces enfants qui restent constamment devant leur écran. Cela les empêche de voir toutes les choses magnifiques autour d'eux et c'est à peine s'ils se parlent en vrai. Leur musique est stupide et agaçante. Les filles de ma classent n'arrêtent pas de regarder des clips pendant la récréation, elles ont toutes l'air de trouver cela génial. En réalité, je suis certaine que la plupart font cela pour être comme tout le monde et ne disent pas vraiment ce qu'elles pensent. »

Marie prit un instant pour retenir ses larmes, puis elle ajouta timidement « Est-ce que c'est vraiment comme ça lorsqu'on grandit ? On ne peut plus dire la vérité et il faut faire semblant juste pour que les autres nous aiment ?

En écoutant cette question sortir de la bouche de Marie, les yeux de sa mère se remplirent de larmes. Ne sachant plus quoi dire, elle enlaça tendrement sa fille.

« Oh non, mon petit ange » murmura-t-elle à l'oreille de Marie. « C'est bien triste que des tas de gens pensent de cette manière, et ils ont tort. Dire la vérité et défendre ses opinions, cela demande beaucoup de courage. Malheureusement, beaucoup ne sont pas assez courageux et s'adaptent aux autres, ils choisissent la facilité. »

Petit à petit, la mère de Marie s'écarta en prenant le soin de garder ses mains sur les épaules de sa fille. Elle voulait pouvoir la regarder dans les yeux en prononçant ces mots.

« Tu sais pourquoi je suis fière de toi, ma chérie ? Même si tu es encore jeune, tu es assez forte et assez courageuse pour avoir choisi d'emprunter le chemin le plus difficile. Si tu savais à quel point cela me rend fière. Je serai toujours là pour toi, ne l'oublie jamais ».

Esquissant un sourire timide, Marie sécha ses larmes. D'un coup, elle ne comprenait pas pourquoi elle avait éprouvé tant de mal à en parler à sa mère. Elle se sentait soulagée d'avoir partagé ses préoccupations avec quelqu'un d'autre.

Pleine d'entrain, elle prit une grosse gorgée de son chocolat chaud. Désormais, tout allait avoir meilleur goût.

Visiblement, l'heure de vérité, comme l'appellent les adultes, peut faire des merveilles. Encore une fois, sa mère avait entièrement raison. Comme quoi, mettre des mots sur ses inquiétudes aide beaucoup.

Durant quelques minutes, toutes les deux sont restées assises côte à côte en silence, perdues dans leurs pensées. Une fois leurs tasses vides, la mère de Marie lui posa une drôle de question. « Sais-tu que tu es très spéciale, mon cœur ? »

« Spéciale ? Moi ? Qu'y a-t-il de si spécial en moi ? » demanda Marie, ébahie. « Qu'est-ce que tu entends par là ? À l'école, je ne suis pas meilleure que les autres et je ne fais rien d'extraordinaire. »

« Je savais bien que tu ne comprendrais pas. » lui dit sa mère avec un petit sourire. « C'est vrai, nous avons tous des forces et des qualités différentes, c'est une bonne chose car cela signifie que nous pouvons nous entraider. Mais certaines personnes sont vraiment spéciales et ne s'en rendent même pas compte. Cette particularité, ce qui les rend si spéciaux, se trouve dans leur cœur, et tu en fais justement partie ma petite Marie. »

« Oh non, maman, tu exagères. » Marie trouvait le compliment injustifié. « D'accord, j'aime bien apprendre de nouvelles choses et être sincère, mais n'importe qui peut le faire. »

« Ce n'est pas ce que je voulais dire. » lui répliqua sa mère. « Ce que j'essaye de te faire comprendre, c'est que tu as un don pour rendre les gens heureux et leur apporter de la joie. »

« Comment ça ? » demanda Marie en lançant un regard dubitatif à sa mère. « Je n'y ai jamais prêté attention. »

« Bien sûr que si, ma chérie. Je vais te donner un exemple.
    Tu te souviens de la dernière fois que nous sommes allés chez mamie ? »

« Oui, bien sûr. » J'adore aller là-bas, elle me fait toujours mon plat préféré, c'est tellement gentil de sa part. Elle fait aussi des gâteaux rien que pour moi et joue avec moi toute la journée. Quel dommage qu'elle habite si loin et qu'on ne puisse pas lui rendre visite plus souvent ! »

« Tu vois, c'est exactement là où je veux en venir. » dit sa mère. « Depuis que papa a changé de travail et qu'on a dû déménager ici, on ne voit plus assez mamie. Par chance, elle a plein d'amis avec qui elle peut passer du temps. Cela ne l'empêche pas de se sentir seule parfois. Si elle fait tant d'efforts pour te rendre heureuse, c'est pour te montrer à quel point elle t'aime et combien tu lui manques. »

Marie acquiesça de la tête. En effet, c'est exactement ce qu'elle ressentait lorsqu'elle rendait visite à sa grand-mère.

« Maintenant, essaye de te remémorer le moment où mamie a ouvert la porte lorsque nous sommes allés la voir dernièrement ! » lui demanda sa mère. « Nous étions tous les trois devant elle, mais c'est toi qu'elle a regardé et pris dans ses bras la première. Elle était folle de joie et le sentiment de solitude avait aussitôt disparu. C'est uniquement grâce à toi que mamie a instantanément retrouvé le sourire, ma chérie. »

Marie réfléchit un instant, puis rétorqua : « Mais je n'ai rien fait de spécial. J'étais simplement présente et c'est ce qui l'a rendue heureuse. Tu viens de dire qu'elle m'aime et que je lui manque parfois. Cela ne prouve pas que je suis spéciale.

Honnêtement, je crois que tu dis ça parce que tu m'aimes. Tu le penses peut-être, mais j'ai du mal à m'imaginer que cela puisse être vrai. »

« Bien sûr que je t'aime, plus que tout au monde ! » s'exclama sa mère en la serrant encore une fois contre elle. « Mais cela ne veut pas dire que je ne peux pas voir qui tu es vraiment.

L'exemple de mamie n'était peut-être pas le meilleur, je l'admets.

« Je vais t'en donner un autre ! Tu te souviens l'année dernière en maternelle, lorsqu'une petite fille vous a rejoint juste avant les vacances d'été parce que sa famille a dû déménager ? »

« Maja », dit Marie sans hésiter. « Je l'ai tout de suite appréciée, dès le premier jour. Si seulement elle était avec moi maintenant, nous serions à côté en classe. »

« C'est vrai, je suis d'accord. C'est dommage qu'elle soit dans une autre école maintenant et que vous n'ayez pas pu profiter davantage ensemble, » précisa sa mère. « C'est une petite fille adorable et vous aviez plein de points communs. Pourtant, lors de son arrivée le premier jour à l'école maternelle, tu ne le savais pas encore. La maîtresse m'a dit plus tard qu'elle était très fière de ton comportement ce jour-là. »

« Mademoiselle Kleinert ? Qu'est-ce qu'elle a dit ? Je n'arrive pas bien à me souvenir de ce jour-là. Tout ce que je sais, c'est que Maja était une super amie et qu'on s'amusait bien ensemble. »

« C'est parce que tu ne t'en rends même pas compte quand tu fais des choses pour les autres, » répondit sa mère. « C'est à cela que l'on reconnait les personnes comme toi qui sont spéciales.

Maja était une petite fille timide, elle appréhendait beaucoup ce premier jour dans sa nouvelle école maternelle. Mets-toi à sa place, elle ne connaissait personne. Elle ne savait pas comment vous alliez réagir ni si vous alliez l'apprécier.

Lorsque Mademoiselle Kleinert l'a faite venir dans la cour, Maja n'avait qu'une envie, se cacher ou devenir invisible. Les autres enfants la fixaient d'un air curieux sans bouger. Tu es la seule qui est venue vers elle en la prenant par la main tu lui as demandé si elle voulait que tu lui fasses visiter le jardin et la cour de récréation.

Mademoiselle Kleinert m'a expliqué à quel point tu as été ouverte envers Maja et le sourire qu'elle t'a fait, heureuse et soulagée. À ce moment précis, vous étiez devenues amies. »

La mère de Marie la regarda en se demandant si elle avait compris le message.

Marie ne prononça pas un mot. Sa mère ajouta alors : « Ce jour-là, tu as rendu Maja heureuse tout comme tu le fais avec mamie. La seule différence, c'est que Maja était une parfaite inconnue. Sa joie n'avait donc rien à voir avec le fait de retrouver une personne que l'on aime après une période sans se voir. »

« Oui, peut-être, » commençait à admettre Marie à contrecœur. « Mais pour moi, c'était normal. Si cela avait été moi qui avait dû rejoindre une nouvelle école en plein milieu de l'année, j'aurais été mal à l'aise et j'aurais même eu un peu peur. J'ai simplement essayé de me mettre à sa place et j'ai voulu l'aider. N'importe qui aurait fait cela. »

« Malheureusement, ce n'est pas le cas, » objecta sa mère. « Ce qui te semble normal ne l'est pas pour tout le monde. La preuve, tu as été la seule à réagir de cette façon en allant vers Maja pour l'accueillir et t'occuper d'elle.

Quand j'ai appris ce que tu avais fait ce jour-là, j'étais extrêmement fière de toi et je le suis toujours. Tu vas vers les autres sans te poser de questions, tu les rends heureux et leur donne le sourire.

C'est pour cette raison que tu es spéciale. Cela n'a rien à voir avec le fait que tu sois ma fille et que je t'aime de tout mon cœur. C'est tout simplement la vérité. »

« C'est juste que je n'aime pas que les gens soient tristes ou aient peur. » admit timidement Marie. « S'ils sont contents, je suis contente alors tout va bien. »

Profondément touchée, sa mère lui fit un énorme câlin.

« Si tout le monde pensait comme toi, le monde serait bien plus agréable à vivre. ».

Alors qu'elle caressait les cheveux de sa fille, elle se remémorait d'autres anecdotes.

« J'ai plein d'autres exemples qui prouvent que tu es spéciale. Regarde Mme Kruse, la voisine âgée qui habite au rez-de-chaussée ! Lorsqu'on l'a croisée dans la rue il y a deux jours en revenant des magasins, tu étais pressée de rentrer pour finir un dessin pour l'école.

Néanmoins, tu t'es arrêtée pour la saluer puis sans dire un mot, tu l'as aidée à porter son sac jusque chez elle. »

« Oui c'est vrai, je ne voulais pas qu'elle porte un sac aussi lourd, » se souvint Marie. « Moi, j'ai l'habitude avec mon sac d'école, tandis que Mme Kruse marche avec une canne. Cela ne doit pas être facile pour elle d'en porter un aussi imposant. En plus, on prend le même chemin qu'elle pour rentrer à la maison. »

« Tout cela est vrai, » lui accorda sa mère. « Cependant, nous avons été contraints de marcher plus lentement et sommes arrivés à la maison plus tard que tu ne l'espérais. »

Mais tu ne t'es même pas posée la question. Pour toi, c'était naturel d'aider cette adorable vieille dame. Tout le monde n'aurait pas agi de la sorte et c'est pour cela que tu es spéciale. »

« Moi, je trouve cela étrange, maman. Je parie que la plupart des gens auraient fait pareil, » essaya de relativiser Marie. « Je crois que tout le monde est spécial. »

Tanja, par exemple, elle chante super bien. Et la semaine dernière Martin a amené sa guitare à l'école et nous a joué des chansons magnifiques. Lena, elle, est spécialiste du bien-être des chiens. Elle a appris tout cela car elle a deux petits chiens trop mignons chez elle.

Et personne ne coure aussi vite de Tobias. Même la maîtresse est impressionnée. »

« Oui ma puce, je comprends ce que tu veux dire et cela te ressemble tellement. L'une de tes plus grandes qualités, c'est ta modestie. Voilà une autre chose que j'admire à propos de toi.

Et tu as absolument raison, en effet. Chaque personne sur cette planète possède des talents et des qualités, chacun de nous est spécial en un sens.

L'une de tes qualités, c'est l'empathie que tu ressens pour les autres, le fait que tu veuilles constamment aider autrui. Cela me rend extrêmement heureuse et je souhaitais te le dire aujourd'hui. »

Le visage de Marie s'illumina enfin. Entendre ces mots de la part de sa mère la rendait heureuse.

« C'est probablement ta plus grande qualité, » précisa sa mère après un moment de réflexion.

Mais tu en as bien d'autres. Tu me l'as prouvé aujourd'hui lorsque tu m'as expliqué pourquoi l'école primaire n'était pas aussi facile pour toi que ne l'était la maternelle et que cela te rendait parfois triste. »

Après cette discussion à cœur ouvert avec sa mère, Marie avait l'air aussi joyeuse et insouciante qu'elle l'était avant ces dernières semaines. Sa mère se sentait soulagée d'avoir pu discuter avec sa fille. Marie se promit alors de parler à sa mère la prochaine fois que quelque chose la tracasserait.

Une heure de vérité comme celle-là, c'était un peu comme un tour de magie qui pouvait faire disparaitre ses soucis en un coup de baguette.

Pour être tout-à-fait honnête avec elle-même, elle était quand même assez fière de toutes ces belles paroles que sa mère venait de prononcer. Si tout cela était vrai, cela allait devenir beaucoup plus facile à supporter d'être différente maintenant.

Tandis que Marie était encore dans ses pensées, sa mère se leva du lit.

« J'ai une idée. Et si on faisait une surprise à papa en lui préparant un gâteau au chocolat pour ce soir ? Tu sais à quel point il adore les gâteaux au chocolat et il me semble que cela ferait un bon dessert pour finir cette journée spéciale en beauté.
Qu'en dis-tu ? Tu me donnes un coup de main ? » demanda-t-elle avec euphorie.

Evidemment que Marie était partante !

Acquiesçant de la tête avec joie, elle bondit hors du lit et alla rejoindre sa mère à la cuisine. Elle adorait l'aider en apprenant plein de nouvelles choses grâce à elle.

Une fois tous les ingrédients sur le plan de travail et les tâches réparties, sa mère repris la conversation qu'ils avaient eu dans la chambre de Marie.

« C'est vraiment merveilleux cette capacité que tu as à donner le sourire aux gens et à illuminer leurs vies comme un rayon de soleil, Marie.

Je t'admire aussi parce que tu es déjà assez forte pour rester toi-même et ne pas changer ta personnalité juste pour faire plaisir aux autres et devenir comme eux. Il y a autre chose dont je me suis souvenu et que j'aimerais partager avec toi. Encore une démonstration du fait que ma grande petite fille est quelqu'un de très spécial. »

« Quoi donc, maman ? » demanda Marie intriguée.

Elle pétrissait la pâte pour le gâteau, impatiente de pouvoir le décorer avec des copeaux de chocolat après la cuisson. Elle était tout de même curieuse d'entendre ce que sa mère voulait lui dire.

« Tu te souviens lorsque tu racontais des histoires à tes poupées et à tes peluches quand tu étais encore en maternelle ? » commença sa mère. « Parfois, je t'écoutais à travers la porte. Au début, c'était la suite des contes de fées et des histoires que je te lisais pour t'aider à dormir le soir. Ensuite, tu as commencé à imaginer tes propres histoires qui n'avaient rien à voir avec celles que tu connaissais déjà. »

« Qu'y a-t-il de si spécial à faire cela ? » questionna Marie. Elle s'attendait à tout sauf ça, elle était très déçue au premier abord. « J'étais presque un bébé, n'importe qui peut inventer une histoire, c'est super facile. »

« C'est précisément là que tu te trompes, mon amour, » lui rétorqua sa mère. Pour toi c'est peut-être simple parce que les idées te viennent naturellement. Pour d'autres, c'est très difficile.

Pour inventer des histoires, qu'elles soient fantastiques, drôles ou effrayantes, il faut beaucoup plus de créativité que tu ne le penses. Ta capacité d'imagination est incroyable. »

« Non, je ne pense pas, » répondit Marie un peu gênée après y avoir réfléchit un petit moment. « Tout le monde a de l'imagination, il suffit de s'en servir pour inventer l'histoire qu'on veut. »

« Au fond, tu as raison, » confirma sa mère. « Nous sommes tous nés avec une certaine capacité d'imagination et il ne faut jamais oublier à quel point ce don de la nature est précieux.

Ce qui me chagrine c'est que de nos jours, cette faculté disparait petit à petit. »

« C'est impossible si c'est en nous depuis le premier jour, » dit Marie qui ne comprenait pas.

« C'est comme ça, malheureusement, » insista sa mère.

"Il faut entretenir notre imagination, c'est comme pour les plantes dans notre appartement. Si on ne les arrose pas, elles mourront. Si on n'utilise pas notre imagination, elle se fanera comme une magnifique plante sans eau. Il y en aura chaque jour de moins en moins jusqu'à ce qu'elle disparaisse complètement. »

« Tu me fais marcher là, » répondit Marie avec un sourire en coin. « Notre imagination n'a pas besoin d'eau et ne peut pas faner. »

« Je t'ai simplement donné l'exemple de l'eau et des fleurs afin que tu puisses comprendre comment notre capacité d'imagination disparait petit à petit de notre monde, » expliqua sa mère.

« Pense aux enfants de ton école qui passent leur temps devant des photos et des vidéos. Combien d'histoires crois-tu qu'ils aient inventé ces derniers mois ? »

« Aucune, » admit Marie, l'air penaude. « Pour beaucoup d'entre eux, les livres, contes de fées et les histoires, c'est stupide et ennuyeux. »

« Tu vois, cela correspond bien à ce que je te disais. On a tous besoin de lire des livres ou que quelqu'un nous raconte des histoires. C'est comme cela que notre imagination se développe et que les récits prennent vie. Tout devient alors plus clair dans notre esprit.

C'est vital pour entretenir notre créativité, tout comme l'eau est vitale pour les fleurs. Si nous ne laissons pas de place à notre imagination pour se libérer, celle-ci diminuera et emportera notre capacité à inventer des choses avec elle.

Je ne te parle pas seulement de livres, dessins ou histoires. À chaque fois que quelqu'un a inventé quelque chose de révolutionnaire comme la roue, l'ampoule ou la première voiture, cela n'aurait pas été possible sans imagination.

C'est la raison pour laquelle je suis très heureuse de te voir utiliser la tienne depuis ton plus jeune âge avec ces histoires que tu inventes toute seule depuis longtemps. »

Avant de répondre, Marie s'assit quelques minutes. Elle n'avait jamais vu cela sous cet angle auparavant.

« Oui, je suis sûre que tu as raison, » dit-elle calmement après un temps de réflexion. « Si c'est vraiment le cas, je ferais mieux de prendre soin de mon imagination pour éviter de la perdre. Mais je suis trop grande pour raconter des histoires à mes poupées et à mes peluches maintenant. L'année prochaine, je saurai lire et écrire toute seule. Qu'est-ce que je peux faire d'autre pour ne pas perdre mon imagination ? »

« C'est ça qui est génial » dit sa mère, ravie d'entendre la question de Marie. « Comme chaque être humain, tu as un tas de possibilités, à toi de choisir celles que tu préfères.

Au lieu de regarder des films, tu pourrais commencer à lire et attendre que certaines images apparaissent dans ta tête.

Tu pourrais même dessiner ces images si tu en as envie, afin de ne jamais les oublier. Aussi, je suis sûre que plus tard, cela te plairait d'écrire les histoires que tu inventes. Tes poupées pourront certainement confirmer que tu as du talent. »

Mère et fille se mirent à rire en y pensant, puis la mère de Marie ajouta en souriant : « Personne ne peut prédire ce que l'avenir te réserve. Mais qui sait ? Peut-être qu'un jour, tu deviendras une écrivaine célèbre. Ce sera à ton tour de donner de la joie aux enfants et aux adultes avec tes histoires qui les aideront à entretenir leur imagination. »

« Quelle merveilleuse idée. Ce serait fantastique, » murmura Marie, l'air rêveuse.

« N'oublie jamais que tes rêves peuvent se réaliser un jour ! Il te suffit d'y croire dur comme fer et de tout faire pour y parvenir. Les gens spéciaux comme toi peuvent faire tout ce dont ils rêvent avec la volonté nécessaire, » lui promit sa mère.

« Donc c'est valable pour tout le monde dans ce cas, vu que nous sommes tous spéciaux » se dit Marie avec un sourire jusqu'aux oreilles.

À présent, une odeur appétissante de chocolat s'était répandue dans la cuisine, rappelant à Marie et sa mère de sortir le gâteau du four. Absorbées par leurs discussions passionnantes, elles avaient failli l'oublier.

Une demi-heure plus tard, tandis que Marie était en train de décorer le gâteau avec des copeaux de chocolat, elle commençait déjà à réfléchir à l'histoire qu'elle avait prévu d'écrire l'année prochaine.

Pour les parents

Comment les parents peuvent montrer à leur enfant à quel point il ou elle est spécial

Chère maman, cher papa !
Votre enfant est un trésor inestimable à vos yeux. Vous le savez et vous voulez accompagner cet enfant tout au long de sa vie. Mais est-ce que votre enfant le sait également ? Les conseils suivants vous aideront à être un bon guide pour votre enfant. Ce n'est que si votre enfant a la confiance nécessaire en lui-même et en ses capacités qu'il pourra s'affirmer en tant qu'adulte. Les expériences vécues par un enfant à la maison sont cruciales pour sa confiance en soi ultérieure. Alors, que devez-vous absolument donner à votre enfant et comment vous y prendre?

1. Communiquez avec votre enfant sur un même pied d'égalité

Dans notre histoire, la mère interagit avec sa jeune fille sur un même pied d'égalité. Elle prend Marie au sérieux et fait preuve de maturité dans la communication. Cela commence par le fait que la conversation n'a pas lieu à la hâte. Les personnes respectées bénéficient d'une attention et d'une concentration totales. C'est ce que la mère illustre ici. La mère montre par son attention qu'elle prend au sérieux les sentiments et les préoccupations de Marie. C'est une étape importante de sa formation pour la vie future. Marie n'est pas traitée comme une petite enfant qui n'a que de petits soucis. La mère est plutôt consciente que sa fille est limitée dans sa satisfaction individuelle de la vie. Les adultes doivent agir conformément à la maxime selon laquelle chaque personne devrait supporter exactement la peine qu'elle peut supporter.

Les problèmes qui affectent les enfants ne sont pas moins importants que ceux dont souffrent les adultes. Pourquoi pas ? Un jouet cassé est un petit souci par rapport au stress que peut causer une panne de moteur de voiture, n'est-ce pas ? Non.

L'enfant est responsable de ses propres affaires. Un adulte est responsable d'autres choses, mais pas de choses plus importantes. Le jouet de l'enfant est l'équivalent de ce que possèdent les adultes. Il aide l'enfant à s'épanouir, à apprendre et, en fin de compte, à remplir sa vie de richesses. Le jouet est une opportunité de formation pour la vie après l'enfance et l'adolescence. Chacun a son travail. Le travail de l'enfant est « d'apprendre ». Si l'apprentissage est perturbé ou très difficile, alors pour un enfant, c'est tout aussi grave que des parents qui ne trouvent pas le temps de poursuivre leurs études ou qui ont des problèmes professionnels.

La mère de notre petite histoire montre clairement qu'elle prend sa fille au sérieux. Elle ne néglige pas ses inquiétudes. De cette manière, elle fait en sorte que sa fille se sente reconnue et prise au sérieux.

Respectez les règles suivantes :

- Prenez votre temps chaque fois que vous parlez avec votre enfant.
- Préparez-vous à la conversation comme vous le feriez pour une conversation avec un collègue ou un autre adulte.
- Prenez conscience que l'enfant a des questions tout aussi importantes à traiter dans le contexte de sa vie que tout être humain adulte.

2. Parlez avec votre enfant de ce qu'il ressent

L'expression des sentiments n'est pas facile pour de nombreux adultes. Notre monde rationnel est rempli de froideur sentimentale. De nombreux adultes ne sont souvent même plus capables de discerner convenablement leurs sentiments. Les psychothérapeutes et les coachs de vie battent leur plein. Les dépendances et les distractions sont à la mode. Bien souvent, les sentiments ne trouvent pas leur place dans le monde du travail et du matérialisme que les adultes se sont créés. Ceux qui se lancent dans la vie d'un ou de plusieurs enfants entrent dans un monde rempli de sentiments. De cette manière, les enfants peuvent enrichir leurs parents de manière inestimable. Ils élargissent leurs horizons et ouvrent des portes à des mondes qui leur étaient peut-être fermés depuis longtemps. En ce qui concerne les questions de sentiments, les enfants sont les professeurs de leurs parents. Un auteur-compositeur-interprète allemand bien connu a dit un jour :

« Les enfants naissent comme des géants, mais chaque jour qui passe, une partie de leur pouvoir

est perdue, car nous faisons quelque chose qui les rend plus petits. Les enfants déplacent des montagnes jusqu'à ce que le cercle vicieux commence, jusqu'à ce qu'ils soient enfin aussi petits que nous, des nains adultes ! » (Reinhard Mey. « Max, tu es un géant. »)

Le monde émotionnel des enfants leur permet de comprendre la vie et de se comprendre eux-mêmes. Des sentiments naissent de la fantaisie et de la joie de vivre. Celui qui voit son enfant comme un enfant et non comme un simple « pas-encore-un-adulte », plonge avec lui dans le royaume des sentiments. Ici, l'enfant vit et se développe tout seul lorsqu'il trouve un interlocuteur qui peut lui témoigner son intérêt. La mère de Marie reconnaît intuitivement qu'il s'agit de sentiments qui ne doivent pas être écartés ou apaisés. Pour parler à votre propre enfant de ses sentiments, il peut être utile de lui donner plus d'espace. Les parents qui se laissent leurs sentiments s'exprimer sont plus aptes à répondre aux sentiments de leurs enfants.

Respectez les règles suivantes :

- Laissez vos propres sentiments s'exprimer dans la vie afin de pouvoir comprendre le monde de votre enfant.

- Prenez les sentiments au sérieux et ne les assujettissez pas à la raison.

- De temps en temps, entrez dans le monde fantaisiste avec votre enfant. Les livres et les films pour enfants ou les histoires faites maison sont de bons moyens d'y parvenir.

3. Offrez à votre enfant une reconnaissance régulière

Un enfant, comme toute personne adulte, a besoin de reconnaissance. C'est l'un des besoins fondamentaux de l'être humain. La reconnaissance est un signe que l'on est valorisé dans le groupe. Auparavant, elle garantissait la survie. La reconnaissance, cependant, n'a rien à voir avec la récompense. Lorsque de bonnes notes ou une chambre bien rangée sont récompensées par des éloges ou un petit cadeau, il y a un lien entre la récompense et le service rendu. Marie apprend dans l'histoire illustrée par l'exemple qu'elle n'a pas besoin de faire un spectacle pour faire rayonner sa grand-mère ou un voisin. La jeune fille apprend de sa mère que cette reconnaissance est due au fait qu'elle est simplement elle-même. La quintessence de cette histoire est « Marie est quelqu'un de bien parce que Marie est Marie. » C'est une reconnaissance authentique. Si un enfant se voit refuser cette reconnaissance, il deviendra un adulte convaincu qu'il doit mériter l'amour et l'approbation. Il ou elle sera perfectionniste et luttera sans cesse pour prouver sa valeur. Lorsqu'il ou elle réalise que la performance ne lui apporte pas de chaleur humaine, la frustration et la résignation régneront dans sa vie. Les parents font donc bien de montrer leur amour à leur enfant lorsqu'il n'y a pas de réalisation particulière pour le moment. Cela veut dire : « Vous êtes spécial. » Cela ne veut pas dire : « Votre réussite est spéciale. » Dans ce contexte, il est important que les réprimandes et les critiques ne soient pas formulées sous forme d'insultes ou de « manque d'amour » à l'égard de l'enfant. Les parents doivent plutôt montrer qu'il s'agit d'un comportement vilain de la part d'un enfant aimé. Cette distinction subtile pèse lourdement dans le développement d'une estime de soi solide.

Respectez les règles suivantes :

- Faites la distinction entre récompense et reconnaissance.

- Dites régulièrement à votre enfant que vous le trouvez aimable en tant que personne.

- Ne critiquez jamais votre enfant, mais uniquement son comportement.

4. Montrez à votre enfant ses forces et ses talents

La reconnaissance de sa propre personne est un facteur important. Néanmoins, chaque personne veut connaître sa propre valeur. Ceci est également déterminé par les compétences dont dispose une personne. Marie peut raconter des légendes. Sa mère le reconnaît et indique clairement cette force à sa fille. Ainsi, Marie est non seulement en mesure d'acquérir la certitude qu'elle a une valeur humaine, elle apprend également à utiliser ses capacités pour le plaisir des autres. Elle joue ainsi un rôle auquel elle s'identifie. Personne n'aime être inutile. Tout le monde veut se sentir utile et être doué pour quelque chose. Ce sentiment se transforme en une pulsion et un objectif personnel. Il s'agit de respect et d'affirmation de soi. Elle renforce également le sentiment que tous les individus, quel que soit leur âge, sont égaux.

Les forces et les talents peuvent être très différents de ce que les parents veulent qu'ils soient. Un couple de deux scientifiques mariés peut se retrouver avec une petite danseuse talentueuse. La progéniture de deux philosophes peut s'enthousiasmer pour l'économie et la bourse. Les enfants sont rarement tels que nous les imaginons. Il faut du respect pour reconnaître les points forts de votre propre enfant lorsqu'ils ne correspondent pas nécessairement à vos attentes. Pourtant, nous le savons : Chaque personne est un individu unique. Cela s'applique également à notre propre enfant.

Il manque un mot sur les parents hélicoptères. Les talents et les forces ne se développent que lorsque l'enfant est encouragé et mis au défi. Les parents qui privent leur enfant de tout ce dont il a besoin élèvent un enfant faible. Gardez à l'esprit l'exemple du petit garçon qui portait un veau paralysé sur ses épaules lorsqu'il était enfant. Il devient de plus en plus grand et porte toujours son ami animal lorsqu'il est adulte. Il en résulte que le petit garçon est devenu un homme musclé et fort. Il a été mis au défi.

Respectez les règles suivantes :

- Reconnaissez les talents extraordinaires de votre enfant.

- Découvrez les points forts de votre enfant, même s'ils ne correspondent pas à vos attentes.

- Encouragez votre enfant à exploiter ses talents et exigez de lui qu'il renforce ses compétences.

5. Aidez votre enfant à se construire une ambition saine

Un enfant qui fait l'expérience de la reconnaissance décrite précédemment sait qu'il a de la valeur. S'il apprend à découvrir ses talents, il se valorisera. Il recevra des récompenses pour ses talents. Il y a des certificats, des prix, de bonnes notes et de petits cadeaux. Les récompenses ne devraient jamais surpasser la reconnaissance de la personnalité. Les récompenses sont rapidement perçues comme alléchantes. La première récompense doit être suivie par d'autres ; un trophée tout seul ne fait pas bonne figure sur l'étagère. Encouragez votre enfant à se fixer ses propres objectifs. Il apprend ainsi à utiliser ses points forts pour en tirer profit. Personne n'a besoin de gaspiller ses talents. C'est un capital qui peut rapporter des intérêts. Si votre enfant cultive une ambition saine, il se rendra compte que ces exigences sont bénéfiques. Par la suite, il pourra relever les défis d'une vie professionnelle et sociale d'adulte avec joie et confiance en soi. En outre, dans un cadre protégé, il s'entraînera à travailler en dépit de l'échec de ses parents.

Un enfant qui apprend à se fixer des objectifs et à les atteindre sera plus apte à gérer l'échec à l'âge adulte et à se construire une perspective plus dynamique.

Respectez les règles suivantes :
- Montrez à votre enfant comment utiliser ses talents efficacement.
- Faites savoir à votre enfant qu'il est spécial, quelles que soient ses réussites.
- Aidez votre enfant à se remettre sur pied après un échec.
- Parlez à votre enfant de ses objectifs et de ses perspectives.

Conclusion :

Les parents ont la confiance en soi de leurs enfants entre leurs mains. À travers leur comportement, ils peuvent contribuer à ce qu'un enfant devienne un adulte qui fait son chemin sans tenir compte de l'opinion des autres. Pour cela, les parents montrent à leur enfant sa bienveillance ainsi que ses talents et ses forces extraordinaires. Pour cela, il faut faire la distinction entre la personnalité de l'enfant et son comportement. Un enfant n'est jamais mauvais, mais il peut mal se comporter. La condition préalable est que la communication entre les parents et les enfants se fasse sur un même pied d'égalité et que les sentiments puissent être discutés ouvertement et sans jugement.

Droits d'auteur

Le contenu de cette œuvre est soumis à la loi allemande sur le droit d'auteur. La reproduction, l'édition, la distribution et tout type d'utilisation en dehors des limites de la loi sur le droit d'auteur nécessitent le consentement écrit de l'auteur ou du créateur respectif. Des téléchargements et des copies de ce site sont seulement autorisés pour un usage privé et non commercial.

Copyright © 2021 Alma Gross

All rights reserved

Made in the USA
Middletown, DE
16 June 2021